BEI GRIN MACHT SICH IHR WISSEN BEZAHLT

- Wir veröffentlichen Ihre Hausarbeit,
  Bachelor- und Masterarbeit

- Ihr eigenes eBook und Buch -
  weltweit in allen wichtigen Shops

- Verdienen Sie an jedem Verkauf

Jetzt bei www.GRIN.com hochladen
und kostenlos publizieren

Anna Milena Jurca

Nihilismus als Negation oder Kritik?

Strukturelle und intertextuelle Analyse der Nachtwachen von Bonaventura

GRIN Verlag

Bibliografische Information der Deutschen Nationalbibliothek:

Die Deutsche Bibliothek verzeichnet diese Publikation in der Deutschen National-
bibliografie; detaillierte bibliografische Daten sind im Internet über http://dnb.d-
nb.de/ abrufbar.

Impressum:

Copyright © 2005 GRIN Verlag GmbH
Druck und Bindung: Books on Demand GmbH, Norderstedt Germany
ISBN: 978-3-640-17823-0

Nihilismus als

Negation oder Kritik?

Strukturelle und intertextuelle Analyse der

Nachtwachen von Bonaventura

Universität Trier SS 2005
Germanistik – NdL
Proseminar III: Schwarze Romantik
Anna Milena Jurca

Inhaltsverzeichnis

1. Auf den ersten Blick: Nichts 3

2. Strukturanalyse 4

    2.1 Strukturelle Merkmale im Aufbau 4

    2.2 Strukturelle Merkmale der Motive 8

3. Intertextuelle Analyse 10

    3.1 Intertextuelle Bezüge zwischen den Nachtwachen und Hamlet 11

    3.3 Demaskierung als Kritik oder Negation? 13

4. Nichts hinter dem Nichts? 15

5. Literaturverzeichnis 19

1. Auf den ersten Blick: Nichts

„Nichts" scheint am Ende der letzten Nachtwache übrig zu bleiben. Das dreifach ausgerufene „Nichts!" beschließt endgültig eine Reihe nihilistischer Aussagen und Episoden, die im Verlauf des Textes zunehmend an Schärfe gewinnen. Die Hausarbeit steht unter der Frage, ob der in den *Nachtwachen* von Bonaventura von Klingemann[1] so deutlich formulierte Nihilismus als Negation oder als Kritik zu verstehen ist. Die Nihilismus-These, wie sie in der Literatur verwendet wird, bezieht sich zumeist auf den Nihilismus als Leugnen und Negieren aller Werte und jeden Sinns. Möglich ist aber auch eine Interpretation, die in dem vorgetragenen Nihilismus ein dichterisches Mittel Klingemanns sieht, um scharfe Kritik am Zeitgeist zu üben und aufzuklären.

Wolfgang Paulsen[2], Jeffrey Sammons[3], Walter Pfannkuche[4], Richard Brinkmann[5] und Dieter Arendt[6] bewerten den Nihilismus in den *Nachtwachen* als negativ und sinnleugnend und als „Kehrseite der Frühromantik"[7]. Linde Katritzky[8], Jörg Schönert[9] und Rita Terras[10] hingegen interpretieren die *Nachtwachen* als Satire und sehen den vorgetragenen Nihilismus als Mittel zur Aufklärung und Kritik, durch den Werte infrage gestellt, aber nicht geleugnet werden.

Das breite Spektrum der unterschiedlichen Deutungsansätze und Interpretationsmethoden macht deutlich, dass es weder die eine richtige Methode noch das eine korrekte Interpretationsergebnis geben kann. Diese Hausarbeit bedient sich daher zweier unterschiedliche methodischer Ansätze, deren Ergebnisse sie miteinander vergleicht. Gegliedert ist der Hauptteil dementsprechend in zwei Abschnitte: Zunächst werden die Deutungsmöglichkeiten betrachtet, die sich mithilfe einer Strukturanalyse ergeben. Danach werden die intertextuellen Bezüge des Textes erarbeitet. Im Schluss werden die erarbeiteten Interpretationsangebote zusammengefasst und beide Methoden in ihrer Anwendbarkeit auf die *Nachtwachen* unter der Frage der Plausibilität ihrer Ergebnisse bewertet.

---

[1] Im folgenden wird der Name „Klingemann" als Autor der *Nachtwachen* verwendet, der sich erwiesenermaßen hinter dem Pseudonym Bonaventura verbirgt. Vgl. dazu: Dietzsch: Lachen, S. 423. „Bonaventura" wird nur dort verwendet, wo die Bedeutung der Wahl dieses Pseudonyms als fiktiver Bestandteil der *Nachtwachen* hervorgehoben werden soll.

[2] Vgl. Paulsen: Bonaventuras *Nachtwachen*, S. 477,496-497.

[3] Vgl. Sammons: *Nachtwachen* von Bonaventura, S. 40.

[4] Vgl. Pfannkuche: Idealismus und Nihilismus, S. 86f.

[5] Vgl. Brinkmann: *Nachtwachen* von Bonaventura, S. 134, 153f.

[6] Vgl. Arendt: Der Nihilismus, S. 545, 548, 558. Vgl. dazu auch Dietzsch: Lachen, S. 427.

[7] Brinkmann: *Nachtwachen* von Bonaventura, S. 153.

[8] Vgl. Katritzky: Defining the Genre, S. 19.

[9] Vgl. Schönert: Fragen ohne Antwort, S. 216-218.

[10] Vgl. Terras: Juvenal und Bonaventura, S. 18, 20f.

Nicht leisten kann die Hausarbeit einen Überblick oder gar eine Kritik der verwendeten Sekundärliteratur, die vor allem dazu benutzt wurde, neue Ansätze und Bedeutungsspielräume kennen zu lernen. Das Ergebnis der Bewertung wird sich daher eng auf die *Nachtwachen* selbst beziehen.[11]

2. Strukturanalyse

Einige Motiv- und Strukturanalysen[12] beginnen mit der Feststellung, dass sich in der Abfolge der sechszehn Nachtwachen keine inhaltliche oder chronologische eindeutige Ordnung finden lässt. Auch der Titel hat keine strukturierende Funktion, da es sich nicht nur um Nachtwachen handelt, sondern sehr lose Ereignisse auch am Tage erzählt werden. Strukturanalysen bemühen sich um das Aufspüren einer nicht-linearen Struktur, um Licht in das rätselhafte Dunkel der *Nachtwachen* zu bringen.[13]

Werden die einzelnen Nachtwachen als fragmentarische Einheiten einer übergeordneten Struktur betrachtet, bieten sich wie oben angedeutet zwei Möglichkeiten besonders an: Erstens lassen sich im Aufbau Erzählzyklen finden, die sich in ihrem Ablauf ähnlich sind.[14]

Zweitens können die Motive innerhalb der *Nachtwachen* auf die Art ihrer Verwendung hin untersucht und verglichen werden. Für diese Untersuchung bieten sich nicht nur einzelne zentrale Leitmotive an, sondern vor allem die Suche nach einem strukturierenden Merkmal, das die Art der Verwendung möglichst vieler Motive erklärt.[15]

2.1 Strukturelle Merkmale im Aufbau

Trotz des verwirrenden Charakters in der Anordnung der Nachtwachen, die sich sehr grob an einer rückwärts geschriebenen Biographie Kreuzgangs orientieren, lassen sie sich in vier bzw. fünf Erzähleinheiten zusammenfassen.[16] Der Vorschlag der fünf Erzählzyklen ist strukturell

---

[11] Ich zitiere im folgenden nach der Reclamausgabe der *Nachtwachen*. Hg. von Wolfgang Paulsen. Stuttgart 1988. Die in Klammern stehenden Seitenzahlen beziehen sich auf diese Ausgabe.

[12] Paulsen: Bonaventuras *Nachtwachen*, S. 447. Sammons: *Nachtwachen* von Bonaventura, S. 33. Terras: Juvenal und Bonaventura, S. 18. Vgl. auch: Grimm: Namensspiel und Urszene, S. 108.

[13] „We must somehow be able to make sense out of the order of the night-watches." In: Sammons: *Nachtwachen* von Bonaventura, S. 33.

[14] Sammons ordnet die Nachtwachen in fünf Kreise, nämlich Nachtwache 1-5, 6-8, 9-11, 12-14 und 15-16, die als Satire beginnen und in Verzweiflung enden. Vgl. dazu Sammons: *Nachtwachen* von Bonaventura, S. 33-57. Paulsen gliedert den Text in vier Erzähleinheiten, nämlich Nachtwache 1-5, 6-9, 10-13 und 14-16. Vgl. dazu Paulsen: Bonaventuras *Nachtwachen*, S. 501.

[15] Sowohl Sammons als auch Paulsen arbeiten Ähnlichkeiten und Unterschiede in der Verwendung bestimmter Motive und literarischer Figuren wie beispielsweise das der Marionette, der Maske, des Lachens oder der Nacht heraus. Vgl. Paulsen: Bonaventuras *Nachtwachen*, S. 454-483.

[16] Hierbei liefert Sammons die plausibelsten Ergebnisse, da er mit seiner Kreisstruktur von Satire zu Nihilismus ein strukturbildendes Kriterium vorlegt. Paulsen hingegen schlägt nur die Einteilung in vier Erzählabschnitte

begründbar durch die Abfolge von Satiren, die sich schließlichs in eine katastrophale Richtung wenden und die jeweils mit Nihilismus, Bitterkeit und Verzweiflung enden.[17] Dieser in allen Erzählkreisen wiederzufindende Kreislauf beginnt mit dem nächsten wieder von vorne: Satire und Katastrophe wechseln sich gegenseitig ab, wobei die Satiren weniger zufällig und ausdrucksstärker werden.[18] Die Komödien werden immer weiter ausgehöhlt und unterwandert, bis das Gewicht des Nihilismus als stärkstes in den Vordergrund tritt. Zum Schluss bricht er schließlich als alles beherrschendes Moment aus. Mit jedem neuen Zyklus werden verschiedene Konstanten und Lebensinhalte der Menschheit aufgelöst.[19]

Der erste Zyklus leugnet religiöse Vorstellungen wie göttliche Erlösung und die Kirche als Institution der Erlösung (der Priester wird in die Nähe des Teuflischen gerückt, er ist für die Verdammnis des Atheisten verantwortlich, vgl. 8, 9, 12) und die Souveränität des Menschen über sein Leben, indem Don Juan sich vergeblich zu töten versuchen muss (29-31, 39-40), und sein Wollen, indem die unglückliche Liebesgeschichte Don Juans als Marionettenspiel zur Komödie gemacht wird und die Grenzen zwischen Puppe und Mensch in beiden Episoden verwischt werden.[20]

Der zweite Zyklus parodiert in einem Weltgericht die gesellschaftliche Ordnung und Hierarchie bei der Ausrufung des Jüngsten Gerichtes (49-50), die Eindeutigkeit des menschlichen Charakters beim Versuch des Selbstporträts Kreuzgangs (56-57), die Rechtssprechung bzw. weltliche Gerechtigkeit (62-65) und der Wert des Menschen werden geleugnet (79).

Im dritten Zyklus, der mit der Zeit im Irrenhaus beginnt, werden Allmacht und Allwissenheit Gottes[21] sowie der Wert des Menschen als oberstes Wesen der Schöpfung verneint, der nur noch ein „Sonnenstäubchen" (80) ist, es wird das Besterben des Menschen parodiert, in alles

---

aufgrund von inhaltlichen Kriterien vor, konzentriert sich aber größtenteils auf die Mikrostruktur, d.h. auf strukturelle Ähnlichkeiten in Situationen, Handlungen oder Motiven, unabhängig davon, in welcher Nachtwache sie zu finden sind. Vgl. Paulsen: Bonaventuras *Nachtwachen*, S. 501f. Vgl. Sammons: *Nachtwachen* von Bonaventura, S. 33-57.

[17] Vgl. Sammons: *Nachtwachen* von Bonaventura, S. 38.

[18] Vgl. ebenda.

[19] Auch Paulsen kommt zu dem Schluss, dass die verwendeten Motive, wie er es am Hamlet-Charakter demonstriert, zunehmend zynischer und satirischer im Laufe der *Nachtwachen* verwendet werden. Vgl. Paulsen: Bonaventuras *Nachtwachen*, S. 494. In der Anordnung macht er eine Zielstrebigkeit auf das Ende hin aus. Vgl. ebenda, S. 503. Er bezeichnet den Text daher als „Ausdruck tiefster weltanschaulicher Desillusion". Ebenda, S. 510. Vgl. auch Brinkmann: Frühromantik, S. 143.

[20] In der vierten und fünften Nachtwache finden sich immer wieder Marionettenhaftes, wo es um Menschen geht, und Menschliches bei den Marionetten. Dazu schreibt Pfannkuche: „Nicht nur kann der Mensch nicht tun, was er will, weil der Marionettendirektor alles vereitelt, sondern er kann nicht einmal mehr wollen, was er will, weil all sein Wollen notwendig aus seinem Charakter folgt, der ihm von demselben Marionettendirektor zugeteilt worden ist." In: Pfannkuche: Idealismus und Nihilismus, S. 32.

[21] Zu Gottes Allwissenheit schon der paradoxe Titel des Stückes: „Monolog des wahnsinnigen Weltschöpfers" (80) oder seine Langeweile und Entscheidungslosigkeit (82). Dazu bemerkt Pfannkuche: „Gott hat keine Aufgabe, sein Tun ist beliebig und bedeutungslos, da es nichts gibt, auf das bezogen es bedeutsam sein könnte." In: Pfannkuche: Idealismus und Nihilismus, S. 73. Der Mensch erschafft sich Gott aus „Verdruss an seiner eigenen Nichtsnutzigkeit". Ebenda, S. 36.

Ordnung bringen zu wollen (82), die Grenze zwischen geistiger Normalität oder Krankheit verwischt, da die meisten Insassen nicht im pathologischen Sinne krank sind, sondern an der Poesie, der Liebe oder dem Staat scheiterten. Die Schönheit und Bedeutung der Natur wird angesichts ihrer Unvollkommenheit infrage gestellt (87), ebenso wie der Wert, den es für den Menschen gemeinhin bedeutet, nicht blind zu sein (94-98).

Im vierten Zyklus wird der freie Wille demontiert, als sich Kreuzgang wider Willen in die Ophelia-Darstellerin verliebt (113, 116), die Suche der zeitgenössischen Dichter nach Originalität und Unsterblichkeit (100-102), es wird die Bedeutungslosigkeit der alten Götter und Helden verdeutlichet (108-109) und Kreuzgang leugnet die Möglichkeit, hinter allen Masken und Rollen ein Ich zu finden (119).

Der letzte Zyklus nimmt wieder das Marionettenmotiv auf, indem Kreuzgang zu ihnen eine menschliche Beziehung aufbaut und sprachlich den Puppen menschliche Attribute zugeordnet werden (126-127, 131). Schließlich löst sich alles in Nichts auf: Kreuzgangs Vater, der Alchimist, die Geister, die der Friedhofspoet umarmt, und das Echo der Toten (143).

Sowohl Vernunft des aufgeklärten Zeitalters als auch Empfindsamkeit der Romantik werden als nicht geeignete Lebensweisen parodiert.[22] Die diesen menschlichen Lebensinhalten gemeinhin zugesprochene Bedeutung wird zynisch verlacht, Werte zu Scheinbarkeiten und Zufälligkeiten degradiert und die fraglich gewordene Weltordnung wird auf den Kopf gestellt.

Die immer wiederkehrende Zerstörung der Werte, die Wiederholung der Fehler und Torheiten wie die ständigen vergeblichen Selbstmordversuche Don Juans und die immer von neuem bewiesene Fehlanwendung rationaler Begründungen[23] sind ein Leitprinzip der *Nachtwachen*, das sich in den fünf Erzähleinheiten steigernd wiederholt,[24] bis „am Ende [...] der vollständige Nihilismus"[25] steht. „Die *Nachtwachen* sind ein höchst negatives, zerstörendes, vernichtendes Werk."[26] Die Alternativfrage „Gott, oder Nichts" (71) wird am Ende dreifach wie im Echo mit „Nichts!" beantwortet.

Während sich aus den fünf Erzählzyklen ergibt, dass es sich in den *Nachtwachen* um eine Form des Nihilismus handelt, dessen Kritik dekonstuktiv ist und auf einen „total decay of

---

[22] Vgl. Paulsen: Bonaventuras *Nachtwachen*, S. 452.

[23] Beispielsweise die Bewegung des „Standbildes" Kreuzgang vor der Ehebruchszene: „Da wachte der Satyr in mir auf, und als jener die Hand gleichsam auf meinen Mantel legte, schüttelte ich mich boshaft ein wenig, worüber beide [der Mann und seine Geliebte] erstaunten; doch der Liebhaber nahms auf die leichte Achsel, und meinte der Quader unter dem Standbilde habe sich gesenkt, wodurch es das Gleichgewicht in etwas verloren." (18)

[24] Vgl. Katritzky: Defining the Genre, S. 20. Vgl. Sammons: *Nachtwachen* von Bonaventura, S. 50, 57.

[25] Pfannkuche: Idealismus und Nihilismus, S. 14.

[26] Brinkmann: *Nachtwachen* von Bonaventura, S. 134. Leopoldseder nennt es das „vielleicht schwärzeste[ ] Nachtstück der Romantik". In: Leopoldseder: Groteske Welt, S. 74.

values"[27] abzielt, bietet der Text auch eine andere Interpretationsmöglichkeit an, indem er sich als Satire begreifen lässt. In einer Vielzahl von Hinweisen charakterisiert sich Kreuzgang selbst als Satiriker oder sein Handeln und Berichten als Satire (6, 18, 35, 50, 60, 76, 126, 140).

Die *Nachtwachen* sind also nicht bloß als satirischer Roman zu verstehen, sondern besitzen die Struktur einer Satire nach dem Muster, das diesem Genre im klassischen Altertum zugrunde lag.[28] Damit können die *Nachtwachen* dem Genre der Satire zugeordnet werden, genauer der römischen Satire, die nach Definition des Grammatikers Diomedes aus dem 4. Jahrhundert n. Chr. nicht aus einem einzigen satirischen Gedicht, Drama oder Erzählstück besteht, sondern aus mehreren Versatzstücken verschiedener Gattungen.[29] Eben dies findet sich auch in den *Nachtwachen*, deren Briefe, Dithyramben, Monologe, Reden, Bühnenschilderungen und Bildbeschreibungen recht lose durch die Ich-Erzählung Kreuzgang zusammengehalten werden.[30]

Dagegen ließe sich allerdings einwenden, dass die Maskerade den ganzen Zweck auszumachen scheint, so dass sich alle Masken und Bedeutungen auflösen und nichts außer der Satire selbst bleibt.[31]

Aus der Idee der Fünfteilung ergeben sich mit einer vergleichbaren Methode bereits zwei Bedeutungsunterschiede: Der Nihilismus, den Sammons belegt hat, wiederholt und verstärkt sich, bis das „Nichts" das Buch abschließt und das Sein negiert. Terras' Deutungsansatz geht von einem Vorbild aus, das Klingemann gekannt und adaptiert haben kann. Mit der Charakterisierung der *Nachtwachen* als römische Satire werden allerdings eher die Gesellschaft analysierende und kritisierende Absichten des Autors plausibel, die nicht auf Nihilismus als Negation abzielen, sondern jenen als Geisteshaltung der symbolischen Figur Kreuzgang vorführen. Trotz zweier sehr ähnlicher Interpretationsansätze scheint eine strukturelle Untersuchung bis hierher eher Verwirrung zu stiften als Klarheit zu schaffen.

---

[27] Sammons: *Nachtwachen* von Bonaventura, S. 40.

[28] Explizit mit der äußeren Struktur und nicht der Gesamtstruktur, wie es Paulsen und Sammons tun, beschäftigt sich Terras. Sie vergleicht die von Sammons vorgeschlagene Fünfteilung mit den *Satiren* von Juvenal und kann nicht nur in der Anzahl der Erzählzyklen und der einzelnen Nachtwachen bzw. der einzelnen Satiren, also im Aufbau, große Übereinstimmungen belegen, sondern auch strukturelle Ähnlichkeiten im Handlungsablauf, inhaltlichen Details und dem satirischen Anliegen der jeweiligen Protagonisten. Vgl. Terras: Juvenal und Bonaventura, S. 21.

[29] Vgl. ebenda, S. 22.

[30] Diese Sammlung verschiedener Stile und Gattungen wurde mitunter als mangelnde Festlegung auf einen Stil kritisiert. Vgl. Mielke: Zeitgenosse Bonaventura, S. 13f.

[31] Vgl. Finke: Anonymität und satirisches Konzept, S. 103-104.

2.2 Strukturelle Merkmale der Motive

Erzählerisch werden die Motive und Handlungen, als Symbol verstanden, so dargestellt, dass sie wie das Gegenteil dessen scheinen, das ihre eigentliche Bedeutung ist. Das betrifft nicht nur die am häufigsten verwendeten Motive wie das der Nacht, des Lachens, der Marionette, der Maske oder des Teufels. Die Form der Präsentation widerspricht oft dem Inhalt des Dargestellten in gerade entgegengesetzter Weise. Der Text selbst gibt die Anweisung, wie diese Dualismen zu verstehen sind: „das wahrhaft Kühne und Große [kann] immer zugleich von den beiden entgegengesetzten Seiten aufgefasst werden" (33) und „Höhe und Tiefe sind nie ohne einander" (59).

Die Komödie wird zur Tragödie und umgekehrt (33), Ordnung und Chaos werden gleichermaßen beschworen (98), Profanes und Sakrales verlieren ihre Grenzen (57), Liebe und Hass werden zu ineinander verwobenen Dingen (118) und Verrückte und Vernünftige[32] oder Freidenker und Geistlose (54) vermischt. Die Grenzen zwischen Mensch und Marionette (18), Mensch und Teufel (17, 136) und Wahnsinn und Normalität[33] (78-86) werden verwischt, in der Geburt schwingt zugleich der Tod mit[34].

Häufig finden sich Oxymorone, die nicht nur Ironie schaffen, sondern auch jene Spannung des Gegensätzlichen, mit der praktisch alle Ereignisse und Motive überzogen sind: „mäßiges Rasen" (105), „zweifelte gläubig" (18), es wird berichtet von „Nachtdieben" und „Tagdiebe[n]" (56), von „vielen wachen Schläfern" (41), „tugendhaften Bösewichter[n]" (17) oder „genialische[n] Härten und herzliche[r] Rohheit" (42).[35] Die Liste ließe sich fast beliebig verlängern.

Weiterhin deutlich sind die Motive, die erstens durch Ironie eine gegenteilige Mitbedeutung erhalten, zweitens aber auch ihrem verkehrten Selbst gegenübergestellt werden. So verschwimmen die Züge eines wirklichen Menschen mit dem Marionettenhaften, als die Bewegungen des Richters erstarren und die Unterschreibung der Todesurteile mechanisch vonstatten geht. Demgegenüber wirkt Kreuzgang in einem tatsächlichen Marionettentheater mit, behandelt seine Puppen aber wie Menschen. Das gleiche Prinzip findet sich in der doppelten Erzählung von Don Juan und Don Ponce. Ähnlich wird diese Technik verwendet, als Kreuz-

---

[32] „Weil es so wenig Verrückte mehr gibt, und ein solcher Überfluss an Vernünftigen vorhanden ist, dass sie aus ihren eigenen Mitteln alle Fächer und sogar die Poesie besetzen können." (11) Dazu ist anzumerken, dass Kreuzgang wegen seiner Dichterei ins Irrenhaus eingewiesen wurde. Dort hingegen finden sich allerdings im Grunde vernünftige Menschen.

[33] Vgl. Leopoldseder: Groteske Welt, S. 84.

[34] Leichenrede am Geburtstage eines Kindes, 58. Vgl. Sammons: *Nachtwachen* von Bonaventura, S. 44.

[35] Katritzky wertet unter anderem diese Oxymorone als typisches Element des Genres der Satire, die sie als Genre des Paradoxen und tragik-komischen Dilemmas beschreibt, die darauf abzielt, den Leser zu verwirren und ihnen so einen neuen Blick auf sich selbst und ihrer Umgebung zu ermöglichen. Vgl. Katritzky: Defining the Genre, S. 19.

gang wegen seines Lachens aus der Kirche und seines Betens aus dem Bordell geworfen wird (vgl. 57) oder weil er „bei einer echten ernsten Tragödie brav zu lachen pflege, und im Gegenteile beim guten Possenspiele dann und wann weinen muß" (33).

Wie die Frage beim Versuch des Selbstporträtierens – ob Grazie, Meerkatze oder Teufel (56-57) – ist vieles im Text eine Frage des Standpunktes: „in Sparta besangen sie den Dieb, je kunstfertiger er zu stehlen verstand, und nebenan in Athen hingen sie ihn auf." (61) Wo es keinen entgegengesetzten Standpunkt gibt, erzeugt der Text einen. Sich gegenseitig bedingende Gegensätze werden dort geschaffen, wo sich nur ein Teil des Paares findet und zum strukturbildenden Merkmal. Aus der Synthese der Gegensätze jedoch entsteht keine Harmonie oder goldene Mitte, sondern die Gegensätze lösen sich ineinander auf und nichts bleibt übrig. Kreuzgang, dessen Genealogie einen Alchemisten als Vater, ein „Zigeunerweib" als Mutter, den Teufel als Paten und einen bürgerlichen Katholiken als Ziehvater aufweist, vereint vier Extreme, die sich in ihm aufeinandertreffend auflösen. Diese Genealogie ist nicht als eine realistische zu verstehen, sondern erklärt den intellektuellen und psychologischen Hintergrund Kreuzgangs.[36] Der Vater als Inbegriff für die forschende, wissenschaftliche Intelligenz, dem gegenüber die Mutter als Hexe und Wahrsagerin für das Irrationale steht und der Teufel als Pate fungiert, während sein Ziehvater von kaum zu übertreffender bürgerlicher Geschäftigkeit und christlicher Frömmigkeit den vierten Pol dieser zerrissenen Genealogie darstellt. Kreuzgangs Herkunftsgeschichte löst sich in Nichts auf in dem Moment, in dem diese Extreme, derer die Menschheit fähig ist, aufeinandertreffen.

Allerdings führt das nicht zu einer Negation im Sinne der Fragestellung, denn das Verkehren eines Inhaltes in sein Gegenteil durch die Art der Präsentation, die Wortwahl oder den Zusammenhang, ohne die ursprüngliche Bedeutung fallen zu lassen, ist eine Erzähltechnik, erlaubt jedoch an sich noch kein wertendes Urteil. Gezeigt wird damit lediglich, dass es zu allem ein Gegenteil gibt, das genauso wahr ist, dass in jeder Bedeutung etwas Gegenteiliges mitschwingt. Es ist ein Infragestellen der allgemeinen Bedeutungszuschreibungen, ohne Antwort zu geben. Dass die Beantwortung beim Leser liegt, darauf verweist auch die Einordnung der *Nachtwachen* in das Genre der römischen Satire, die nicht beabsichtigt, Moralstück mit eindeutigen Standpunkten zu sein.

Bereits eine Strukturanalyse unter dem Aspekt der Motivuntersuchung deutet auf die Verwendung des Nihilismus als Kritik hin. Damit liefert die Strukturanalyse insgesamt kein eindeutiges Ergebnis, aufgrund dessen die Eingangsfrage entschieden werden könnte. Allerdings gibt sie mit der Motivuntersuchung einen Ansatzpunkt, von dem aus die *Nachtwachen* auch

---

[36] Vgl. ebenda, S. 119.

mithilfe einer anderen Methode betrachtet werden können. Eine Untersuchung der Motivebene oder der deutlichen Anspielungen auf Kunst und Literatur in den *Nachtwachen* berücksichtigt mehr Aspekte als eine Strukturanalyse allein und führt daher mit großer Wahrscheinlichkeit[37] zu einer höheren Plausibilität der Interpretationsergebnisse. Darüber hinaus rechtfertigt auch ein anderer Grund eine intertextuelle Interpretation: Der Nachteil einer Strukturanalyse in ihrer Anwendung auf die *Nachtwachen* ist weniger die Problematik, das offensichtliche Durcheinander der Anordnung der einzelnen Nachtwachen und der Unordnung der einzelnen Szenen zu ordnen, als die Unsicherheit, ob eine gefundene Struktur auch beabsichtigt oder nur zufällig ist.[38] Die intertextuellen Anspielungen und Assoziationen im Text hingegen sind so offensichtlich für den Leser bestimmt, Hinweise werden ausdrücklich als „Schlüssel" (136) bezeichnet, dass hier eindeutig von einer Absicht des Autors ausgegangen werden kann.

3. Intertextuelle Analyse

Trotz der offensichtlichen und überaus zahlreichen intertextuellen Bezüge in den *Nachtwachen* behandeln die meisten Studien ein einzelnes, sehr knapp umrissenes Motiv oder Thema.[39] Aufgrund der hohen Anzahl der Prätexte, auf die in den *Nachtwachen* verwiesen wird, kann die Hausarbeit keine vollständige Analyse leisten und beschränkt sich daher auf die exemplarische Untersuchung der Beziehungen zwischen den *Nachtwachen* und *Hamlet* von Shakespeare.

Dennoch lässt sich allgemein feststellen, dass die intertextuellen Bezüge in den *Nachtwachen* einerseits insgesamt sehr hoch ist, andererseits auch die Anzahl der Text, auf die Bezug genommen wird. Die Streubreite der Prätexte reicht, abgesehen von den zahlreichen Bezügen zu Shakespeare[40], von den philosophischen Schriften Fichtes (83) und Kants (54) über Hans Sachs' Fastnachtsspiele (26, 27, 59) und Jakob Böhmes *Morgenröte* (9, 26, 27). Aus der Literatur tauchen die Ödipus-Sage (44, 76), Dantes *Göttliche Komödie* (7, 29, 79), Voltaire (6), Goethe (75, 100, 104), Schiller (100), Lessing (100), Tieck (100) und Schlegel (83) auf. Aus dem Bereich der Kunst finden sich Michel Angelo (50), Breughel (70), Hogarth (62), Rubens

---

[37] Nur mit großer Wahrscheinlichkeit deshalb, weil die Ergebnisse zweier methodischer Untersuchungen sich derart widersprechen könnten, dass sie sich dekonstruieren und Inhalt und Form in einem krassen, unbeabsichtigten Widerspruch stehen, so dass die gewonnenen Erkenntnisse keine Autorenintention wiedergeben können, sondern nur die jeweiligen Bedeutungspotentiale des Textes, wenn er mit dieser oder jener Methode betrachtet wird.

[38] Dass eine Strukturanalyse allein nicht ausreicht, wird an den Untersuchungen deutlich, die „bloß mit negativen Werturteilen oder Analysen und anschließender Rechtfertigung" enden. In: Grimm: Namensspiel und Urszene, S. 108. Scheinbar werden keine befriedigenden Ergebnisse gefunden, solange nicht ein Sinn hineingedeutet werden oder, wo nicht, als Mangel gewertet werden kann.

[39] Davies: Mozart. Kohlschmidt: Hamlet-Motiv.

[40] *Macbeth* (11, 13, 42), *König Lear* (29) und *Hamlet* (74, 87, 112-124, 131, 133).

(62) und Mozart (33, 68) in den *Nachtwachen* wieder, aus der Wissenschaft Darwin (72-74) und aus der Bibel König Saul, Sodom und Gomorra, Moses und das Jüngste Gericht (30, 53, 85, 48-56).[41] Neben diesen kenntlich gemachten Bezügen gibt es weniger offensichtliche Zitate. In der siebten Nachtwache, in der Kreuzgang sich paradoxerweise als advocatus diaboli selbst verteidigt, wird die Juristensprache parodiert (62-65), in den Stücken „An den Mond" und „An die Liebe" Bezug auf gängige Themen der Romantik genommen (114-116).

3.1 Intertextuelle Bezüge zwischen den Nachtwachen und Hamlet

Shakespeare selbst wird positiv kommentiert: Er gilt als der zweite Schöpfer (112), sein Werk gilt als Ideal in der Literatur, was nicht zuletzt daran deutlich wird, dass in einer Aufzählung aller Dinge, die sich „nach einem Jahrtausende" (68), nach dem sich Kreuzgang die Welt für eine Stunde ansehen will, verschlechtert haben, folgender Kommentar findet: „Shakespearesche Stücke in den untersten Klassen als Exerzitien ausarbeiten" (69).[42]

Die meisten intertextuellen Zitate beziehen sich auf Shakespeares *Hamlet*. Die Art der Bezüge ist dabei sehr vielfältig: Figuren aus den Stücken tauchen auf oder dienen als Vergleichsgestalten, von Shakespeare geprägte Motive, Handlungselemente und Zitate finden sich in den *Nachtwachen*: Kreuzgang spielt in einem Theaterstück den Hamlet und trifft im Irrenhaus seine damalige Ophelia-Darstellerin wieder, die allerdings nicht mehr aus dem Stück heraus kann. Sie hat den im Drama festgeschriebenen Wahnsinn übernommen. Ophelia kämpft mit ihrer Rolle: Sie findet keinen Weg zurück, obwohl sie sich bewusst ist, in der Rolle gefangen zu sein. Auf dem Friedhof hantiert der Poet mit einem Totenschädel, eine deutliche Hamlet-Anspielung (87).

All diese Bezügen zu *Hamlet* lassen sich einem Motivkomplex zuordnen, der die Themen Maske, Hülse, Verschachtelung, Theater, Marionette, Schauspiel, Bühne und Rolle umfasst.[43] Die zitierten Elemente sind in hohem Maße strukturbildend. Wo zum *Hamlet* Bezug genommen wird, handelt es sich immer um Schauspiel und Theater im weitesten Sinne.

Obwohl dieser Motivkomplex explizit als Theatermotiv oder Theaterelement ausgewiesen ist, wird er auf das tatsächliche Handeln der Figuren projiziert. Es handelt sich dabei um eine konsequente Weiterführung des Motivs der Welt als Bühne statt: Alle Menschen sind Schau-

---

[41] Eine ausführliche, aber längst nicht vollständige Aufzählung der Referenzen aus Literatur, Philosophie und Wissenschaft bei Davies: Mozart, S. 265.

[42] In ähnlicher Weise wird auch Mozart verwendet als Ideal der Musik. Davies arbeitet dies heraus und belegt so die parodierende Wirkung des Gegensatzes „eine Mozartsche Symphonie von schlechten Dorfmusikanten exekutiert, das paßt so recht zu einem verpfuschten Leben" (33). Vgl. ebenda, S. 266-268. Vgl. auch Katritzky: Defining the Genre, S. 14.

[43] Ähnlich stellt auch Leopoldseder fest, dass die Symbolik der Lebensbühne ein Hauptmotiv der *Nachtwachen* ist. Vgl. Leopoldseder: Groteske Welt, S. 181.

spieler, sie spielen (mehr oder weniger bewusst) Rollen, sie sind (mehr oder weniger) wie Marionetten determiniert,[44] sie tragen Masken, sie können demaskiert werden. Die realen Figuren handeln als Statisten in einem großen Welttheater, aber nicht nur manchmal und bewusst wie Kreuzganz und Ophelia, sondern ständig und in der Wirklichkeit, wie es der Richter und Don Juans mitternächtliche Selbstmordversuche zeigen. Diese Leitmotive (Marionette, Teufel, Lachen, Welt als Theater) strukturieren das Werk. Sie treten an wichtigen Stellen immer wieder auf und sind innerhalb der *Nachtwachen* mit ähnlichem Symbolgehalt belegt.[45] Häufig tritt auch das Gleichnis von der Welt als Bühne auf (32, 49-50, 74). Erweitert wird es von Klingemann um das Element des Marionettentheaters, dessen Direktor die höchste Instanz zu sein scheint, aber dessen Fädenziehen weiter projiziert wird in der Welt als Bühne mit einer übergeordneten Instanz, die weiter oben die Fäden zieht, deren „Regiment nicht mehr zu bestimmen ist" (128). Indirekt gehören damit auch jene Passagen, in denen Mensch und Marionette vermischt werden, zu den Szenen, die ihren Ursprung in Bezügen zu Shakespeare haben. Die Metapher der Welt als Bühne wird zwar erweitert, aber als Instrument der Kritik benutzt. Sie selbst wird nicht perspektiviert, sie dient als Perspektivierungsinstrument. Betrachtet man dagegen die Figuren des Hamlet und der Ophelia näher, so werden deutlich satirischere und pessimistischere Züge im Vergleich zum Original sichtbar. Hamlet steht für die grundsätzliche Tragödie des Menschenlebens, scheinen zu müssen und nicht sein zu können.[46] Die Frage nach dem Sein oder Nichtsein bei Shakespeare wird recht lapidar abgehandelt: „Beim Teufel ich weiß ja nicht was besser ist – Sein, oder Nichtsein!" (87) Klingemanns Hamlet stellt sich selbst als erwachsener und erfahrener im Gegensatz zum „jungen" Hamlet Shakespeares (120). Zynisch tritt der Nihilismus des Hamlet der *Nachtwachen* hervor, während Shakespeares Hamlet die Frage praktisch gegenteilig beantwortet.[47] Einerseits betrachtet Kreuzgang die Zeit im Irrenhaus als die schönste seines Lebens (76-77), andererseits versucht er sich eifrig gegen die Liebe zu wehren, die sich seiner bemächtigt und die er im Grunde für nichtig hält (112-113, 118). Im Irrenhaus verhält er sich zu Ophelia gezwungenermaßen wie Hamlet, nicht wie Kreuzgang.

---

[44] Pfannkuche bewertet das Marionettenmotiv als Beleg für den Determinismus, der die Menschen beherrscht: „Ebenso schlechthin und notwendig, wie alle Kräfte da sind, ebenso notwendig sind auch alle Wirkungen und Verhältnisse zwischen ihnen festgelegt. Was geschieht, steht von Anbeginn an fest." In: Pfannkuche: Idealismus und Nihilismus, S. 25. Und: „Der Gedanke der Vorherbestimmtheit führt schließlich zur Auflösung des Individuums selbst." Ebenda, S. 25. Vgl. auch ebenda, S. 42. Und: „Alles Geschehen ist damit determiniert, der Mensch ist eine Marionette". Ebenda, S. 72.

[45] Vgl. Hoffmeister: Bonaventura: *Nachtwachen*, S. 199.

[46] „Den Modellfall der grundsätzlichen Tragödie des Menschenlebens bietet das Hamlet-Motiv." In: Kohlschmidt: Hamlet-Motiv, S. 94.

[47] „Es ist ein nihilistisch vollendeter Über-Hamlet, den Bonaventura hier kreiert. Die übliche positive Wendung der Ontologie wird genau umgekehrt." In: Lütkehaus: Nichts, S. 716.

Ophelia hingegen agiert deutlich positiver. Während sie bei Shakespeare Selbstmord begeht, steht hier der Hader mit dem Nichtherauskönnen aus der Rolle im Vordergrund und der Unsicherheit, ob alles Rolle ist oder sie auch außerhalb davon existiere.[48]

Erweitert wurde Ophelia von Klingemann auch dahingehend, dass sie dem Motivkomplex Theater und Rolle zugeordnet werden kann und in ihrer Doppelfunktion als Mensch und Rollenträgerin die Austauschbarkeit von Schein und Sein, von Leben und Maske für das Motiv der Vertauschbarkeit von Wirklichkeit und Schauspiel demonstriert. Ihre Rolle ist Schicksal und ihre Zurückverfolgung und die Annahme der Identität vom Anfang ist unmöglich. Dennoch erinnert sie sich an eine eigene Identität und weiß von einem übergeordneten Ich. Ihr Schicksal ist unwiderruflich. Einmal die Rolle gespielt, wird sie ihr zueigen. Sie kann nicht mehr zwischen Rolle und Realität unterscheiden, die Grenzen verwischen.

Ophelia ist von Klingemann als eine Art Gegenstück zu Hamlet bzw. Kreuzgang angelegt. Während er zynisch-satirische Possen treibt, die die Oberflächlichkeit und Uneindeutigkeit der Welt zeigen und kritisieren, weiß Ophelia um ihr Schicksal, in der Rolle gefangen zu sein und, sie weiß es ohne Zorn. Sie weiß, „die Rolle geht zu Ende, aber das Ich bleibt, und sie begraben nur die Rolle [...]. Hinter dem Stück geht das Ich an!" (123) Von dieser irdischen Rolle möchte sie nur die letzten Worte mitnehmen: „Ach, ich liebe dich! Das ist die letzte Rede im Stücke und sie allein will ich aus meiner Rolle zu behalten suchen – es war die schönste Stelle! Das übrige mögen sie begraben!" (123).[49] Es ist nicht abwegig, ihre Rolle als gesellschaftliche Rolle zu deuten, der sich das Ich völlig untergeordnet hat, aus der es nicht mehr fliehen kann, was zum Wahnsinn führt.

Nicht zuletzt gehört zum Motiv der Maske auch das Spiel mit dem Pseudonym Bonaventura, hinter dem sich Klingemann versteckt.

3.3 Demaskierung als Kritik oder Negation?

Der Text belässt es aber nicht bei der Feststellung, es sei alles nur Schauspiel, sondern verweist immer wieder auf das „Dahinter", auf die Personen in den Masken und ein „hinter den Kulissen" (74, 76, 118-119, 121, 123, 132).

Im Falle Ophelias ist die Demaskierung, das Maskenabnehmen, relativ einfach: Wenn sie ihre Rolle ablegt und stirbt, „geht das Ich an" (123), findet sie zu sich selbst zurück. Ähnlich verhält es sich auch mit jener Passage im Prolog des Hanswurstes zu der Tragödie: der Mensch: „der Mensch ist eine spaßhafte Bestie von Haus aus und er agiert bloß auf einer größeren

---

[48] „Hilf mir nur meine Rolle zurücklesen, bis zu mir selbst. Ob ich denn selbst wohl noch außer meiner Rolle wandle, oder ob alles nur Rolle, und ich selbst eine dazu." (118) Vgl. Katritzky: Defining the Genre, S. 18.
[49] Vgl. Kohlschmidt: Hamlet-Motiv, S. 100-102.

Bühne als die Akteure der kleinern in diese große wie in Hamlet eingeschachtelten; er mag's noch so wichtig nehmen wollen, hinter den Kulissen muß er doch Krone, Zepter und Theaterdolch ablegen und als abgetretener Komödiant in sein dunkles Kämmerchen schleichen, bis es dem Direktor gefällt eine neue Komödie anzusagen." (74)

Neben dem Bild der Welt als Bühne und dem vorherbestimmten Schicksal der Akteure findet sich in dieser Passage ein Fall der Demaskierung, wie er ähnlich häufig in den *Nachtwachen* auftritt: Der Tod, der alle Masken abreißt, das Ich hinter der Rolle, eine Art letzte Wahrheit in einer menschlichen Lügenmaskerade. Komödianten sind all die Schauspieler, die das Leben zu ernst nehmen, weshalb auch der Hanswurst die „einzige vernünftige Rolle in der ganzen Farce abgäbe, eben weil er die Farce nicht höher nähme als eine Farce" (38).

Kreuzgang hingegen ist sowohl Maskenträger als auch Maskenabreißer. Er selbst ist keine greifbar Person, die sich charakterisieren ließe. Er ist eine Aneinanderreihung verschiedener Masken: Freigeist, Hamlet, Poet und Satirenschreiber, Hanswurst, Marionettendirektor, Nachtwächter, Verliebter, Insasse des Irrenhauses, Angeklagter und Verteidiger bei Gericht.[50] Damit erhebt er sich ironisch spielend über das makabre Schauspiel der Welt. Indem er die Masken annehmen und aus ihnen herausfallen kann, beweist er, dass alles Maske ist. Nicht nur der Tausch dieser Rollen ist Demaskierung, nämlich das Auf- und Abdecken anderer Masken, sondern auch die chronologisch wirre, aber prinzipiell sich zurückverfolgende Geschichte seines Lebens.

Die Masken abzureißen ist das Hauptanliegen des Nachtwächters.[51] Die Demaskierung ist einerseits ein aufklärerisches Element, indem sie den wahren Kern der Dinge freilegen soll. Andererseits treibt Kreuzgang die Demaskierung in den *Nachtwachen* derart auf die Spitze und zeigt, dass sich hinter allem nichts verbirgt, dass es keine Letztbegründung gibt, um seine Mitmenschen wachzurütteln und zu reizen, wie er selbst formuliert.[52] Die Masken selbst betrachtet er nicht als verwerflich, denn erst die Einführung der Masken ermöglicht es ihm, sie eine nach der anderen wieder abzuziehen (76), um den gewünschten Schockeffekt zu erreichen. Die Methode ist einfach, die Erkenntnis ergibt sich aus Synthese und anschließender Analyse. Kreuzgangs Aufgabe ist es, die Welt und seine Mitnarren satirisch aufzuklären.[53]

---

[50] Vgl. Lütkehaus: Nichts, S. 713.

[51] Er will „mit Stentorstimme die Schläfer um sich her wachzurütteln und ihnen den Missbrauch ihrer Zeit, ihrer guten Gelegenheiten und Gaben vorzuhalten". In: Katritzky: Warum Bonaventura? S. 422.

[52] „die Menschheit [ist] im ganzen so schlaff und boshaft geworden [...]. Man soll sie heftig reizen, wie einen asthenischen Kranken, und ich habe deshalb meinen Hanswurst angebracht, um sie recht wild zu machen; denn wie, nach dem Sprichworte, Kinder und Narren die Wahrheit sagen, so befördern sie auch das Furchtbare und Tragische, indem jene es unschuldig hart vortragen, und diese gar darüber spotten und Possen damit treiben." (72)

[53] Vgl. Hoffmeister: Bonaventura: *Nachtwachen*, S. 203.

Nicht nur Synthese und Analyse sind die Methoden, auch das Schaffen von Distanz, beispielsweise durch das Lachen: Es tritt an gerade den Stellen auf, an denen es wenig erwartet
wird, an denen es gar nichts zu lachen gibt. Das Lachen steigert die Ironie einer Szene aber zu
schwarzem Humor, es wirkt nicht mehr erleichternd gegenüber den Geschehnissen, sondern
ist Ausdruck der Verzweiflung.[54] Es hilft, die verkehrte Welt als solche erkennbar zu machen
und klärt somit auf.[55] Demaskiert wird auch durch die Erzählhaltung Kreuzgangs, der durch
die Überlagerung von komischen mit tragischen Gestaltungsebenen eine größtmögliche Distanz zwischen dem Erzählten und dem Erzähler schafft.[56]

Demaskierung ist Aufdeckung der „verkehrten Welt" und eine Umdeutung des Scheins der
Welt, auch ein Lächerlichmachen der Oberflächlichkeit. Am Ende dieser Erkenntnis steht
Enttäuschung,[57] weil Kreuzgang sieht, dass die Rollen und Masken leer sind. Hinter allem
Schein bleibt nichts übrig, nichts Eindeutiges, dessen er sich sicher sein könnte. Das ist der
Nihilismus der *Nachtwachen*.

4. Nichts hinter dem Nichts?

Die Technik der Demaskierung wird als Mittel verwendet, Widersprüche und Scheinbedeu-
tungen aufzudecken, sie aber nicht aufzulösen. Mit ähnlicher Absicht wird die Dialektik der
Bedeutungen hervorgehoben, indem in allem sein Gegenteil mitschwingt. Diese Aufwerfen
von Fragen, ohne sie zu beantworten, ist Merkmal der Satire.[58]

Ob nur das kalte Nichts des Schlusses zurückbleibt, ist fraglich. Fraglich insofern, dass zwar
Ophelia annimmt, hinter aller Maskerade gebe es ein Ich und ein Sein, Hamlet allerdings in
ihrem Briefwechsel eine Gegenposition dazu einnimmt (119). Obwohl Ophelia hier von der
Anordnung der Briefe das letzte Wort zu haben scheint, ist sie es, die stirbt, und Kreuzgang
setzte seinen von Nihilismus geprägten Lebensweg fort. Diese Struktur des Aufwerfens von

---

[54] Vgl. Dietzsch: Lachen, S. 426. Vgl. Leopoldseder: Groteske Welt, S. 134. Vgl. Schönert: Fragen ohne Antwort, S. 218.
[55] Vgl. Dietzsch: Lachen, S. 426. Dietzsch führt hier Kants Definition des Lachens an: „Das Lachen ist ein Af-
fekt aus der plötzlichen Verwandlung einer gespannten Erwartung in nichts." Das Lachen tritt also an den Stellen
auf, an denen die Dinge der Illusion ihrer erwarteten Bedeutung verlieren.
[56] Vgl. Leopoldseder: Groteske Welt, S. 129.
[57] Ebenda, S. 202.
[58] Zur Satire: „Die Satire als Gattung stellt es sich nicht zur Aufgabe, Frage zu beantworten, sondern sie zu stellen und anzubieten. [...] Die Beteiligung des Lesers könnte sich gar nicht entfalten, wenn ihm alles vorgesetzt
würde. Und das bedeutet doch, dass sich der formulierte Text über Andeutungen und Suggestion in das von ihm
Nicht-Gesagte, aber dennoch Gemeinte anschattet." In: Katritzky: Warum Bonaventura? S. 427. Katritzky nennt
Klingemann einen „Meister dieser Technik", da der „problembeladene Lebenspilger" Kreuzgang zwar das Wort
führt, der „bereits Erlöste" (beide ebenda, S. 427) Bonaventura durch Andeutungen, Assoziationen und Suggestion das Gemeinte erhellt. Aufgeworfene Fragen sind beispielweise „Wie, ist denn kein Gott!", und es echot oder
redet „Gott" zurück (beide 134) oder „bin ich denn allein?" (107).

Fragen, ohne eine eindeutige Antwort zu geben – meist werden mehrere Antwortmöglichkeiten vorgeschlagen – findet sich sowohl strukturell als auch intertextuell wieder. In vieler Hinsicht wird Bedeutung zwar negiert, aber nicht Bedeutungsfindung an sich.[59] Das Fragen oder Infragestellen ist ein leitendes Konzept der *Nachtwachen*.[60] Im Fragen ist aber auch die große Unsicherheit inbegriffen, eine Antwort zu erhalten, und wenn ja, ob es die richtige ist. So wird praktisch jede Antwort, jede Aussage der *Nachtwachen* wieder infrage gestellt.[61] Es gibt keine endgültige Antwort.

So gesehen stellt Klingemann die allgemein anerkannte Moral und Bedeutung in Frage, setzt ihnen krassen Nihilismus entgegen, doch nicht, um jede Möglichkeit der Sinngebung zu leugnen, sondern um den Leser zur Auseinandersetzung mit den aufgeworfenen Fragen zu zwingen, um sich selbst aufzuklären, sich selbst des eigenen Verstandes zu bedienen.[62] Vielleicht ist die Antwort ja diese, dass Klingemann den Leser in Versuchung führt, mit dem Nichts lockt, mit der Satire, an der der Leser vorbeistreicht und „das Zeichen seines Wertes oder Unwertes" (60) zurücklässt.

Im Zusammenhang mit den Ergebnissen, die der erste Teil der Untersuchung erbrachte, nämlich die Kritik an der Zerrissenheit zwischen oberflächlicher und wahrer Bedeutung ist die Demaskierung eine Form der Kritik, des Aufklärens. Der Leser soll verleitet werden zum Infragestellen der oberflächlichen Bedeutung. Kreuzgang sagt: „Doch ich fand bei näherer Hinsicht alles eitel." (85) Er kritisiert die Eitelkeit als eine oberflächliche Einbildung von Bedeutung der eigenen Lebensweise, er drückt damit jedoch nicht aus, dass alles falsch oder sinnlos sei.

Klingemann enthält sich nicht einem kritischen Blick auf seine Zeit. Der Hanswurst, die einzige vernünftige Rolle im Stück, macht über „das Leben und den Zeitcharakter [...] die höchst albernen Bemerkungen" (33-34). Auch „dringt er auf eine Revision des Menschengeschlechts und auf einige höchstnötige Weltreparaturen" (36). Eine solche Revision – zumindest zeitweise – gelingt Kreuzgang, als er in seinem Nachtwächterposten das Weltgericht ausruft. „Ja ich wagte zuletzt [...] zu bemerken, wie ich selbst heute schon eine solche Revision durch meinen Feuerlärm veranstaltet hätte, und es nicht übel geraten sei gleich jetzt an eine mäßige Reparatur zu gehen" (55). Kreuzgang reiht in seine nihilistischen Betrachtungen gesellschaftskriti-

---

[59] Brzović: *Nachtwachen* von Bonaventura, S. 380. Ähnlich schreibt Leopoldseder, das Sinnvolle werde ins Sinnlose verkehrt, ebenso die Sinnlosigkeit in eine Sinnmöglichkeit, „ohne sich aber für eine Sinngebung zu entscheiden." In: Leopoldseder: Groteske Welt, S. 138.

[60] Vgl. Schönert: Fragen ohne Antwort, S.210.

[61] Ähnlich hat Schönert herausgefunden: „Die Demaskierung wird total, alle Positionen sind in Frage gestellt." In: Schönert: Fragen ohne Antwort, S. 217.

[62] Vgl. Schönert: Fragen ohne Antwort, S. 181, 186. Schönert ordnet die *Nachtwachen* in dieser Hinsicht dem Aufklärungsroman zu.

sche Kommentare (20, 29, 48-49, 51-53, 61) ein, die ähnlich aufgebaut sind und ähnlich auf den Leser wirken, aber im Gegensatz zu vielen anderen Aussagen, die stets eine Gegenposition aufweisen, eindeutige Aussagen darstellen und die *Nachtwachen* als „eminent gesellschaftskritisches Werk"[63] auszeichnen.

Deutlich wird seine Kritik an einem Zeitalter, das hin- und herschwankt zwischen Aufklärung und Verklärung: „In einem schwankenden Zeitalter scheut man alles Absolute und Selbständige; deshalb mögen wir denn auch weder echten Spaß, noch echten Ernst, weder echte Tugend noch echt Bosheit mehr leiden." (17) Der Kritik ausgesetzt ist dabei ein Gefühl der Zerrissenheit, des „verdammte Widerspruch in mir" (62) und des Mangels an Eindeutigkeit,[64] darüber hinaus die sich ausdehnende Langeweile, die sogar vom „Weltschöpfer" Besitz ergriffen hat (80, 82).

Zusammengefasst ergänzen sich die Ergebnisse aus der Strukturanalyse und der intertextuellen Interpretation. Die Unklarheiten, die sich zu Beginn der Strukturuntersuchung ergeben haben, lösen sich auf, wenn man die offensichtliche Hinwendung zu immer größerem Nihilismus nicht als letzte Antwort, sondern nur als ein Mittel zum Zweck begreift. Die Satire kann sich durchaus dieses Mittels bedienen, sie kann es auch steigern im Verlauf der Handlung, aber demgegenüber müssen die zunehmenden gegenläufigen Argumente berücksichtigt werden, die auch schon die Strukturanalyse gefunden hat. Der strukturelle Ansatz lässt prinzipiell beide Interpretationsmöglichkeiten offen: sowohl Nihilismus als Negation verstanden als auch Nihilismus als Kritik am Zeitgeist.

Die aus anderen Texten entlehnten Elemente der Maske, des Theaters und der Demaskierung und die Art ihrer Verwendung in den *Nachtwachen*, belegen ein Bestreben, die Welt kritisch, aber nicht abwertend und entwertend zu betrachten und zu interpretieren. Der intertextuelle Ansatz hingegen unterstützt die These des Nihilismus als Kritik, für die sich auch zahlreiche Beispiele im Text finden lassen.

Für sich genommen greift eine Strukturanalyse, nicht zuletzt wegen der an ihrem Ende angesprochenen Unzulänglichkeiten, die *Nachtwachen* wirklich greifen zu können, zu kurz.

Eine weitergehende Untersuchung müsste klären, ob andere intertextuelle Elemente nicht den Ergebnissen widersprechen, die für *Hamlet* herausgearbeitet wurden. Darüber hinaus wäre besonders interessant, die Funktion des Hanswurstes innerhalb der *Nachtwachen* zu analysie-

---

[63] Hoffmeister: Bonaventura: *Nachtwachen*, S. 208.
[64] Vgl. Brinkmann: Frühromantik, S. 145: Vertauschbar sind schließlich alle Gegensätze: Lachen und weinen, Ernst und Spaß, Beten und ‚Blasphemieren', Lebenshass und Lebensliebe, Schlafen und Wachen, Poesie und Wirklichkeit, ja Tod und Leben: nichts ist eindeutig und bestimmt." Vgl. Leopoldseder: Groteske Welt, S. 83.

ren und einen Vergleich zu ziehen zu anderen Texten, in denen eine Hanswurst-Figur auftritt. Auch die Rolle des Teufels könnte näher erläutert werden.

5. Literaturverzeichnis

Arendt, Dieter: Der Nihilismus - Ursprung und Geschichte im Spiegel der Forschungs-Literatur seit 1945. In: Deutsche Vierteljahreszeitschrift 43 (1969) 3, S. 544-566.

Bonaventura: *Nachtwachen*. Hg. v. Wolfgang Paulsen. Stuttgart (Reclam) 2003.

Brinkmann, Richard: *Nachtwachen* von Bonaventura. Kehrseite der Frühromantik? In: Die deutsche Romantik. Hg. von Hans Steffen. Göttingen 1970, S. 134-158.

Brzović, Kathy: *Nachtwachen* von Bonaventura. A Critique of Order. In: Monatshefte 76 (1984), S. 380-395.

Brzović, Kathy: Bonaventura's *Nachtwachen*. A Satirical Novel. New York 1990.

Davies, Paul: Why Mozart in the *Nachtwachen*? In: Forum for Modern Language 23 (1987), S. 265-273.

Dietzsch, Steffen: Nichts geht doch über das Lachen. Die *Nachtwachen* von Bonaventura. In: Weimarer Beiträge 38 (1992), S. 107-114.

Finke, Reinhard: Anonymität und satirisches Konzept in Bonaventuras *Nachtwachen*. In: Wege der Literaturwissenschaft. Hg. von Jutta Kolkenbrock-Netz, Gerhard Plumpe und Hans Joachim Schrimpf. Bonn 1985, S. 100-104.

Grimm, Erk: Namensspiel und Urszene: Die unendliche Geschichte von Bonaventuras *Nachtwachen*. In: Jahrbuch der Jean-Paul-Gesellschaft 28 (1993), S. 107-114.

Hoffmeister, Gerhert: Bonaventura. *Nachtwachen* (1804/05). In: Romane und Erzählungen der deutschen Romantik. Neue Interpretationen. Hg. Von Michael Lützeler. Stuttgart 1980, S. 194-212.

Katritzky, Linde: Warum Bonaventura? Ein Beitrag zur Assoziationstechnik in den *Nachtwachen*. In: Euphorion 84 (1990), S. 418-427.

Katritzky, Linde: Defining the Genre of Bonaventura's *Nachtwachen*. In: German Life and Letters 52 (1999), S. 13-27.

Kohlschmidt, Werner: Das Hamlet-Motiv in den *Nachtwachen*. In: Werner Kohlschmidt: Dichter, Tradition und Zeitgeist. Bern und München 1965, S. 93-102.

Leopoldseder, Hannes: Groteske Welt des Nachtstücks in der Romantik. Bonn 1973.

Lütkehaus, Ludger: Nichts. Frankfurt am Main 2003, S. 713-717.

Mielke, Andreas: Zeitgenosse Bonaventura. Stuttgart 1984.

Paulsen, Wolfgang: Bonaventuras *Nachtwachen* im literarischen Raum. Sprache und Struktur. In: Jahrbuch der deutschen Schillergesellschaft 9 (1965), S. 447-510.

Pfannkuche, Walter: Idealismus und Nihilismus in den *Nachtwachen* von Bonaventura. Frankfurt am Main 1983.

Sammons, Jeffrey L.: The *Nachtwachen* von Bonaventura. The Hague 1965.